Die Stille ist nicht auf den Gipfeln der Berge,
der Lärm nicht auf den Märkten der Städte;
beides ist in den Herzen der Menschen.

Aus Indien

ACHTSAM SEIN

Die Erde, die Bäume, das Wasser, die Luft, die Vögel, die Insekten – all das ist da, und wir können die vielen Bedingungen für unser Glück, die uns im Hier und Jetzt zur Verfügung stehen, berühren. Wir werden feststellen, dass wir nicht mehr brauchen, denn diese Bedingungen reichen bei Weitem aus, um glücklich zu sein. Aber wir müssen im gegenwärtigen Moment verweilen, um sie wahrnehmen zu können. Solange wir weiter rennen, wird es schwierig sein, das Glück zu finden. Innehalten lässt uns die Bedingungen für unser Glück erkennen, die bereits vorhanden sind.

Thich Nhat Hanh

Mandala-Glück

101 x Innehalten und Staunen

FREUNDLICH ZU DIR SELBST

Ab und zu
stehen bleiben, tief durchatmen.
An einem Ort der Stille
die dich drückende Last absetzen.
Erleichterung
und Momente der Schwerelosigkeit genießen.
Erkennen können, vieles nicht so schwer,
anderes leichter zu nehmen,
ohne es deswegen oberflächlich beiseite zu schieben.
Deiner Seele diese neue Leichtigkeit und Fürsorge gönnen,
damit sie dann und wann aufsteigen mag
aus den Widrigkeiten des Alltags,
um das Fliegen nicht zu verlernen.

Angelika Wolff

GESCHENKE DER SCHÖPFUNG

Innehalten
für einen Moment
die Vollkommenheit
des Regenbogens bewundern
dem Lachen der Kinder lauschen
den Duft der Rose atmen
innehalten
und mein Schatzkästchen füllen
mit Geschenken
der Schöpfung

Gabriela Paydl

IN DER RUHE

ganz leise in den Tag gehen
behutsam Schritte setzen
manchmal flüstern
den Himmel bestaunen
stumm eine Hand halten
lautlos eine Ringelblume küssen
den Fußspuren im Sand nachschleichen

in der Ruhe
liegt die Hoffnung

Cornelia Elke Schray

FREISPRUCH

nicht mal der weg
muss dein ziel sein
lass ihn weg sein
weiter weg

Frank Fischer

JETZT

Ich bin in Gedanken
schon dort wo ich
morgen erst sein werde
Mit meinen Gedanken
renne ich mir davon

Ich bleibe stehen
spüre meinen kurzen Atem

Ich will
zu mir kommen
dahin
wo meine Füße sind

Anne Steinwart

GESTERN, HEUTE, MORGEN

Gestern rief mich die Pflicht
Alles kannst du
das Schwerste kannst du
du bist was du tust
sagte sie
streng dich an

Heute kam die Liebe
setzte sich zu mir
und sagte
ruh dich aus
du bist
das reicht

Morgen
vielleicht
glaub ich der Liebe

Doris Bewernitz

INNEHALTEN

innehalten
mitten im Alltag
abschweifen
in die Gegenwart
horchen
auf die Weite
des Augenblicks

den Blick loslassen
alle Sinne öffnen

einfach
da sein

Frank Fischer

SICH ZENTRIEREN

Im wohltuenden Innehalten
die Mitte in sich entdecken
die immer schon auf uns wartet
als göttliche Lebenskraft

Im verweilenden Dasein
sich zentrieren
auf alles und nichts
auf Leere und Fülle

Pierre Stutz

PAUSE

Ich zelebriere
Meine Pause
Meine Kostbarkeit
Mein Kleinod

Die Tasse Tee
Die Kerze
Der Hocker für die Füße
Der Sessel
Im richtigen Winkel
Damit mein Blick
Aus dem Fenster
Gen Himmel geht

Und dann
Halte ich inne
Und schicke mich an
Nichts zu tun

Doris Bewernitz

ENGEL-MANDALA

Flieg in deine Mitte
leg deine Flügel um diese Erde
liebe das Leichte und Schwebende
komm zur Ruhe
schweige

Atme ganz tief
dem Himmel entgegen
sorge dich nicht um deine Federn
vergiss deinen Namen
und wo du wohnst

Bitte den Engel
in dein Herz

Cornelia Elke Schray

UNTERWEGS IN DIE MITTE

das Licht des Morgensterns
gebündelt im Herzen
auf dem Weg zwischen
gelassen und loslassen
und frei sein
immer unterwegs ins Auge
dieses zärtlichen Sturms
der Leben heißt
und mich forträgt

bis ich da lande
wohin mich der Himmel
seit Anbeginn gesandt hat

in mir

Cornelia Elke Schray

ZWISCHEN HIMMEL UND ERDE

Zwischen Himmel und Erde
Brücken bauen

Aussteigen
aus dem täglichen Trott
Sich lösen vom Alltag

Gemeinsam
Berge versetzen und
Gipfel erklimmen

Wie Vögel
den Wolken und Sternen
ganz nah

Christel Anders

HALT AN

überfüllt ist die Zeit
mit so vielen Terminen –
einmal am Tage halt an
für eine Zeit
sei ganz bei dir

und siehe
du wirst sie spüren
die Sehnsucht
nach Stille
nach Licht
nach nichts
als einfach nur
zu sein

Eva-Maria Leiber

JEDEN TAG

für einen kostbaren Moment
einkehren
in mein Haus aus Stille
in der Ruhe
dem Klang meines Herzens lauschen
dem Atem meines Lebens folgen
auf das Werben meiner Seele hören

Die Stille halten
und geborgen in ihrem Schoß –
Sein

Nur das

Catrina E. Schneider

GANZ BEI MIR

Alles um mich scheint manchmal unüberschaubar
und verwirrend.
Dann die Augen schließen
und ganz bei mir sein.
Meinen Atem spüren
und den Boden unter meinen Füßen.
Entdecken, wo ich gerade bin,
um mich dann mit neuer Klarheit auf den Weg zu machen.

Michaela Deichl

AM BRUNNENRAND

der eigene wind
nimmt mir
den blick auf den grund

Frank Fischer

ZEN-GESCHICHTE

„Was tust du eigentlich, um dich zu entspannen?“, fragt der Schüler seinen Meister.
„Nichts“, so der Meister. „Wenn ich gehe, dann gehe ich, wenn ich esse, dann esse ich, und wenn ich schlafe, schlafe ich.“
„Aber das tun doch alle“, antwortet der Schüler.
„Eben nicht!“

EINLADUNGEN ZUR STILLE

Eine Musik, die mir vertraut ist und die ich liebe.
Eine Kerze, ihr ruhiges Licht.
Ein Spaziergang durch Wald oder Feld.
Abenddämmerung, die sich über den Tag legt.
Eine Glocke, die in den Alltag klingt.
Schönheit, die man in Ruhe betrachtet.
Ein Kind, das einschläft.
Ein Bild, vor dem ich verweilen kann.

Tina Willms

RUHEINSEL

Mitten in der Unruhe
meiner vollen Tage
weiß ich in mir eine Insel
prismenbunt und morgenschön
beständig und still
meine Seele findet hier
neue Gelassenheit
taucht ein in friedensblaues Meer
schickt dir in die deine
auf einer kleinen Welle
urruhigen Atems
einen kraftnährenden Sonnenstrahl.

Maria Sassin

HEILUNG

Dasitzen
einfach nur dasitzen
eine liebe lange Zeit lang

Dasitzen und schauen
was draußen
was in dir geschieht

Christel Anders

RAUM HABEN

Raum haben
sich Raum nehmen
zeitloser Raum
ohne Ansprüche von außen
eine Weile bei mir sein
ungestört

Ursula Kreutz

IM INNEREN

Im Inneren
Ganz Ruhe
Ganz Stille
Ganz Sein
Ganz Hiersein
Ganz Beimirsein

Im Inneren
Ganz Wärme
Ganz Liebe
Ganz Licht

Ganz
Im Inneren

Carola Vahldiek

TIEFE STILLE

Ich bin
in einer tiefen Stille
angekommen,
in der die Worte
sich um sich selber drehen
und nicht mehr wissen,
was sie meinen.

Ingeborg Kaspers

LEBENDIG

Der Moment
atmet Geist.

Mich berühren lassen,
meine Seele bewegen,
tief einatmen
die Essenz des Jetzt.

Lebendig sein.

Maria Sassin

Einfach
sonst nichts.

Da bin ich.
Atme.
Lausche.
Fühle

in Verbundenheit
Welle im Atemstrom.
Meer.

Bin Atem.
Werde geatmet.

Werde gelassen.
Werde.

Jasna Rauschert

IN DIR

Bleib.
In dir.
Lass dich nicht
aufzehren
vom Lärm
dieser Welt.
Komm nicht raus.
Du bist heilig.
Das ist gut.

Folge dem Stern
deines Herzens.

Cornelia Elke Schray

Nur Träumer finden ihren Weg
durchs Mondlicht und erleben
die Morgendämmerung,
bevor die Welt erwacht.

Oscar Wilde

HEILIGER ORT

Ich träume
von einer Reise
an einen heiligen Ort
der Stille
des Friedens
der Ewigkeit

Ich umkreise
in Gedanken
und Träumen
diese Erde und
umarme sie

Ich träume
von einer Reise
an einen heiligen Ort
und finde ihn

in mir

Cornelia Elke Schray

Um ruhig zu sein,
muss der Mensch nicht denken,
sondern träumen.

Johann Jakob Engel

Schlafend gerät man ins
Leben hinein und entkommt
ihm auch schlafend; was in
der Mitte so liegt, ist es was
anderes als Traum?

Friedrich Wilhelm Riemer

NACHTRUHE

Diese Nacht liebe ich.
Nein, nicht diese Nacht,
diesen Nachtanfang, diese eine
lange Anfangszeile der Nacht,
die ich nicht lesen werde, weil
sie kein Buch für Anfänger ist.
Diesen Augenblick liebe ich,
der nun vorüber ist und
von dem ich, da er verging,
fühlte, dass er erst sein wird.

Rainer Maria Rilke

STILLE

im Nebel wandern
den Kopf voll
mit dem Duft
der letzten Rose
Amen buchstabieren
höchstens noch
an Brot denken

mehr nicht

zum Himmel blicken
die Seele leer
und leicht werden
lassen im Licht
einatmen ausatmen
nur noch schweigen
danke denken

so viel

Cornelia Elke Schray

IM GEGENWÄRTIGEN MOMENT

Wenn wir im gegenwärtigen Moment leben, indem wir achtsam gehen und atmen und für uns selbst und die Menschen, die wir lieben, sorgen, dann wird unsere Achtsamkeit und Konzentration mit jedem Tag stärker werden. Achtsam zu sein bedeutet zu wissen, was geschieht. Wenn unser Geist mit Sorgen und mit Anspannung angefüllt ist, erkennen wir diese an und atmen mit ihnen. Wir erkennen ihre Wurzeln, wenn wir tief in sie hineinschauen. Mit der Kraft des Gewahrseins werden wir leicht Lösungen für unsere Probleme finden.

Thich Nhat Hanh

Denn das ist eben
die Eigenschaft der wahren
Aufmerksamkeit, dass sie
im Augenblick das Nichts
zu allem macht.

Johann Wolfgang von Goethe

Du spürst, wie die Blumen die
köstlichen Düfte versenden
und grübelst, wie aus so
winzigem Ort dieser Duft-
strom mag kommen und
begreifst, dass in solcher
Mitte die Ewigkeit ihre
unvergänglichen Tore öffnet.

William Blake

DIE KRAFT DER EINEN SACHE

Heute mich nur einer Sache widmen
Ganz bei einer Sache bleiben
Nur Worte sammeln
In die Luft wirbeln
Auffangen
Neu ordnen
Vielleicht so
Oder auch so
Dranbleiben
Den Faden nochmals aufnehmen
Einen guten Abschluss finden
Fertig
Ein Gedicht
Einmalig

Ursula Palm-Simonsen

Sitz still, mein Herz,
wirbele keinen Staub auf.
Lass die Welt den Weg
zu dir finden.

Rabindranath Tagore

HAB KEINE ANGST

Alles verändert sich
und geht dennoch nie verloren,
bleibt Teil eines größeren Ganzen
im Fluss der Zeit.

Jeder Gedanke,
jedes Gefühl,
jedes Staubkorn
finden sich wieder in einer
neuen und reinen Form.

Silvia Droste-Lohmann

FINDEN

Treibholz,
Treibsand,
auf der Suche
getrieben
nach Finden.
Finden
ist Gefundenwerden.

Ingeborg Kaspers

ZEITLOS

durch nichtstun
das zeitlose segnen
den moment verlangsamen
einüben
der langen weile kunst

den sandstrahl anhalten
einzeln verkosten
jedes korn in der hand

Frank Fischer

Nimm dir Zeit;
ein Acker, der ausruhen konnte,
liefert eine prächtige Ernte.

Ovid

Hab Geduld in allen Dingen,
vor allem aber mit dir selbst.

Franz von Sales

Wer es aushalten kann,
zu warten,
der gewinnt immer!

Robert Musil

ENDLICH

Die Probleme ausblenden
die Ängste
die Ungewissheit
das Getriebensein
Mich einlassen auf die anderen Klänge,
die ich höre, wenn es stiller wird um mich
Die Wellen am Ufer
das Zirpen der Grille
der Wind in den Blättern
Und lächeln
Das macht das Herz weit

Michaela Deichl

JEDER SCHRITT

Jeder Schritt ist Frieden
Die strahlende rote Sonne ist mein Herz.
Jede Blume lächelt mit mir.
Wie grün, wie frisch all das wächst.
Wie kühl die Brise des Windes.
Jeder Schritt ist Frieden.
Er wandelt den endlosen Pfad in Freude.

Thich Nhat Hanh

Glück allein ist der innere Friede.
Lerne ihn finden, du kannst es.
Überwinde dich selbst,
und du wirst die Welt überwinden.

Buddha

Nur wo die Mitte fest ist,
da können Grenzen offen sein.

Reinhold Schneider

UNBESIEGBAR

Wer andere erkennt, ist gelehrt.
Wer sich selbst erkennt, ist weise.
Wer andere besiegt, hat Muskelkraft.
Wer sich selbst besiegt, ist stark.
Wer zufrieden ist, ist reich.
Wer seine Mitte nicht verliert, ist unüberwindlich.

Lao-Tse

Wollen wir in Frieden leben,
muss der Frieden aus uns selbst kommen.

Jean-Jacques Rousseau

*Schwer ist es, die rechte Mitte zu treffen:
Das Herz zu härten für das Leben,
es weich zu halten für das Lieben.*

Jeremias Gotthelf

Sanftmut ist der Himmel, Zorn die Hölle,
die Mitte zwischen beiden ist diese Welt.
Darum, je sanftmütiger du bist,
desto näher bist du dem Himmel.

Martin Luther

Des Menschen Dasein auf der Erde
baut sich immer von Neuem auf,
doch nicht von dem äußersten Umkreis her,
sondern stets nur aus der Mitte.

Wilhelm Raabe

INNERER REICHTUM

Nicht außerhalb,
nur in sich selbst
soll man den Frieden suchen.
Wer die innere Stille gefunden hat,
der greift nach nichts,
und er verwirft auch nichts.

Buddha

Wenn man seine Ruhe
nicht in sich findet,
ist es zwecklos,
sie andernorts zu suchen.

François de La Rochefoucauld

ZWANGSPAUSE

Jede Zwangspause im Leben
ist ein Vorzeichen dafür,
dass du auf eine
(Weg-) Gabelung zugehst,
wo du dich entscheiden musst,
in welche Richtung
du weiterziehen willst.
Nutze den Rastplatz davor
nicht ausschließlich dazu,
Kräfte zu sammeln
für die dir gewohnte Richtung,
sondern auch zur Besinnung darauf,
welcher Weg der bessere ist.

Klaus Huber

Das Glück
liegt mittendrin.

In der Mitte der Schwierigkeiten
liegt die Gelegenheit.

Albert Einstein

KRAFT AUS DER STILLE

Manchmal ist es Zeit, mit mir alleine zu sein.
Die Stille führt mich in die Tiefe. Ich bin mehr bei mir. Nach einer Weile sehe ich wieder klarer. Ich fühle mich Gott näher und erkenne, was mir wichtig ist und was ich brauche. Ich spüre, wie mir neue Kraft zuwächst, mit der ich in meinen Alltag zurückkehren kann.
Manchmal ist es Zeit, mit mir alleine zu sein, um zu erkennen, dass ich nicht alleine bin.

Petra Stadtfeld

FORMEN DER STILLE

Das Stillehalten
Das Stillgestanden
Die Stille des gespannten Schweigens
Die Stille des Ausatmens
Die Stille der Entspannung
Die Stille der Übereinstimmung

Ich wünsche mir Stille, die wohltut
Selbstgewählt und zeitvergessen
Ich wünsche mir Stille, die nährt

Gundela Leenen

JAGD NACH GLÜCK

Wir befinden uns fortwährend auf der Jagd nach Glück. Wir laufen und laufen und übersehen die Bedingungen für unser Glücklichsein im Hier und Jetzt. Wir meinen, erst in der Zukunft würden wir glücklich sein können. So zu denken ist töricht. Wenn es uns gelingt, voll Achtsamkeit heimzukehren ins Hier und Jetzt, werden wir erkennen, wie viele Elemente zum Glücklichsein bereits jetzt vorhanden sind. Wir können in diesem Augenblick glücklich sein. Mehr ist nicht nötig.

Thich Nhat Hanh

GLÜCKS-SUCHE

Nicht in der Ferne
finde ich Glück
und nicht
in der Nähe

In der Mitte
– hab ich gehört –
soll es sein
Und schwer
soll es sein
Und jeder
– sagen sie –
jeder wandert
allein

Anne Steinwart

Unser Herz
ist unser Haus.

Herbert Eulenberg

SICH AUFMACHEN

Meinen Weg suchen
jeden Tag von Neuem
mit all meinen Möglichkeiten
trotz aller Schwierigkeiten

Meinen Weg akzeptieren
auch wenn andere es leichter haben
auch wenn es mich enorm fordert
auch wenn ich manches nicht verstehe

Meinen Weg gehen
auch wenn er steil und steinig ist
auch wenn Hindernisse es erschweren
auch wenn ich ganz alleine bin

Auf meinem Weg bleiben
trotz aller Versuchungen
mir selbst treu bleiben

Max Feigenwinter

PARADOX

manchmal wenn
etwas im leben
nicht zu passen scheint

lohnt es sich
das puzzleteil zu drehen
und genau anders herum anzulegen

die kraft liegt darin
es zu tun obwohl
der verstand es verlacht

kann sein es passt
immer noch nicht richtig
aber es sieht schöner aus

Frank Hartmann

Jede Geschichte
hat einen Anfang,
eine Mitte und ein Ende,
aber nicht unbedingt
in dieser Reihenfolge.

Jean-Luc Godard

Du kennst den Anfang und das Ende.
In der Mitte lebst du.

Katharina Eisenlöffel

Künstler ist ein jeder,
dem es Ziel und Mitte des Daseins ist,
seinen Sinn zu bilden.

Friedrich Schlegel

DAS GEHEIMNIS

Ich bin der Film
und du die Leinwand.
Ich bin der Wunsch,
du die Erfüllung.
Ich rede zu viel,
dass ich glaube,
du schweigst –
Universum.
Aber wenn ich still bin,
ganz still bin
und horche,
schenkst du mir
das Geheimnis,
dass ich du bin.

Ingeborg Kaspers

Kunst wischt den
Staub des Alltags
aus der Seele.

Pablo Picasso

MANDALA

Mit großem Elan
ergreifst du
den Pinsel

Kraftvoll
die Farben

Rot fordert Grün
Orange trifft auf Blau

Das Rad
dreht sich

Vollende
in Ruhe
dein Werk!

Christel Anders

SCHÖPFE NEU

Geh bis zur Naht.
Setze deinen Fuß
ins Unbekannte.
Denk bis zum Rand.
Schöpfe jenseits
des bekannten Denkens
neu.
Denn dort
werden die Wunder
geboren.

Ingeborg Kaspers

In der Mitte aber von Allen (Planeten) steht die Sonne. Denn wer möchte in diesem schönsten Tempel diese Leuchte an einen andern oder bessern Ort setzen, als von wo aus sie das Ganze zugleich erleuchten kann?

Nikolaus Kopernikus

Was ist letzten Endes der Mensch in der Natur?
Ein Nichts vor dem Unendlichen,
ein All gegenüber dem Nichts,
eine Mitte zwischen Nichts und All.

Blaise Pascal

Die Ewigkeit ist wie ein Kreis,
der in sich selber gehet,
ist eine Schlange, die mit Fleiß
auf sich gewunden stehet.
Ist wie ein Rad, das fort und fort
um seine Well sich schwinget,
und doch nicht einen Ruck zum Port,
so lang sie währet, bringet.

Johann Wolfgang von Goethe

In der Mitte
liegt die Wahrheit?
Keineswegs.
Nur in der Tiefe.

Arthur Schnitzler

Ruhe im Innern,
Ruhe im Äußern.
Wieder Atem holen lernen,
das ist es.

Christian Morgenstern

Zur Künstlerin:
Marielle Enders studierte visuelle Kommunikation an der FH Düsseldorf. 2012 erweiterte sie ihr Wissensgebiet mit dem Abschluss zur Kunsttherapeutin. Ihre Arbeiten sind eine Verbindung von Design, Kunst und Psychologie und wurden mit zahlreichen Auszeichnungen prämiert. Die Künstlerin lebt und arbeitet in Düsseldorf.
Alle Mandalas in diesem Buch sind von Hand gezeichnet.

Textnachweis:
Die Rechte von folgenden Autorinnen und Autoren liegen bei den Urheberinnen und Urhebern: Christel Anders, Doris Bewernitz, Michaela Deichl, Silvia Droste-Lohmann, Frank Fischer, Frank Hartmann, Klaus Huber, Ingeborg Kaspers, Ursula Kreutz, Gundela Leenen, Eva-Maria Leiber, Ursula Palm-Simonsen, Gabriela Paydl, Jasna Rauschert, Maria Sassin, Catrina E. Schneider, Cornelia Elke Schray, Petra Stadtfeld, Anne Steinwart, Pierre Stutz (www.pierrestutz.ch), Tina Willms (aus: Dies., Zwischen Stern und Stall, Neukirchener Verlagsgesellschaft 2015, S. 33), Carola Vahldiek, Angelika Wolff

Folgenden Verlagen danken wir für die freundliche Abdruckgenehmigung:
- Thich Nhat Hanh, Innehalten, aus: Ders., Im Hier und Jetzt zu Hause sein. © Theseus in J. Kamphausen Mediengruppe GmbH, 2006.
- Thich Nhat Hanh, Wenn wir im gegenwärtigen Moment …, aus: Ders., The Art of Power. Die Kunst, mit Macht richtig umzugehen. © Verlag Herder GmbH, Freiburg im Breisgau 2012.
- Thich Nhat Hanh, Jeder Schritt ist Frieden …, aus: Ders., Alles, was du tun kannst für dein Glück. Übungen für Körper, Seele und Geist. © Verlag Herder GmbH, Freiburg im Breisgau 2014.
- Thich Nhat Hanh, Wir befinden uns fortwährend auf der Jagd …, aus: Ders., Schritte der Achtsamkeit. Eine Reise an den Ursprung des Buddhismus. © Verlag Herder GmbH, Freiburg im Breisgau 2014.
- Anne Steinwart, Glück-Suche, aus: Dies., Gegen alle Entfernungen. Gedichte. © Mosaik Verlag, München 1993.

Folgender Text ist im Verlag am Eschbach erschienen:
- Max Feigenwinter, Sich aufmachen, aus: Ders., Einander Engel sein, © Verlag am Eschbach der Schwabenverlag AG, Eschbach 2013.

Trotz gründlicher Recherche konnten nicht alle Rechtsinhaber ausfindig gemacht werden. Für Hinweise sind wir dankbar.

Bildnachweis:
Unter Verwendung von Aquarell-Hintergründen von: andipantz/iStock, Asya_mix/iStock, stellalevi/iStock, art4all/shutterstock, goldnetz/shutterstock, J.D.S./shutterstock.